मानमयी
SANYUKT KAVITA SANGRAHA

पाखी गरजौला

Copyright © Pakhi Garjola
All Rights Reserved.

ISBN 978-1-68466-007-0

This book has been published with all efforts taken to make the material error-free after the consent of the author. However, the author and the publisher do not assume and hereby disclaim any liability to any party for any loss, damage, or disruption caused by errors or omissions, whether such errors or omissions result from negligence, accident, or any other cause.

While every effort has been made to avoid any mistake or omission, this publication is being sold on the condition and understanding that neither the author nor the publishers or printers would be liable in any manner to any person by reason of any mistake or omission in this publication or for any action taken or omitted to be taken or advice rendered or accepted on the basis of this work. For any defect in printing or binding the publishers will be liable only to replace the defective copy by another copy of this work then available.

राधा-कृष्ण
माता-पिता, भाई, मित्र, रिश्तेदार

क्रम-सूची

भूमिका vii

1. मैं कौन हूँ? 1
2. न पहचानने की आजमाइश! 3
3. नया बाजार 5
4. बेपरवाह हम 7
5. तेरे बाद का वृंदावन 9
6. अनजान लिखावट 12
7. वह साहिब है हमारे 14
8. राधा रानी 16
9. यूँ तो ना किया करो 18
10. चांद को मेहताब 20
11. वो लौट आया पर.... 22
12. उद्धव ब्रज यात्रा 24
13. मेरा जज़्बा 29
14. तेरा ख्याल 30
15. मैं मालामाल 32
16. औकात नहीं इंसानों की 34
17. तो यकीन दो 36
18. ब्रजेश्वरी राधे 38
19. इश्क़ ज़बानी 40
20. कब होगा इज़हार-ए-इश्क़? 42
21. कौन बेवफा? 44

• v •

क्रम-सूची

22. एक अनकही कहानी   46

Thank You   49

भूमिका

सादर प्रणाम!

मेरे सभी पाठकों को मेरा धन्यवाद कि उन्होंने इस किताब को पढ़ने के लिए वक्त निकाला। वैसे तो कोई किताब लिखने का मेरा उद्देश्य नहीं था, पर आज यह मेरी पहली किताब के रूप में आप सभी के समक्ष उपलब्ध है। मैं अक्सर कविताएं लिखा करती थी। जिस विषय पर मन हो, उस पर लिख दिया करती थी। जो देखती थी, उस पर लिख दिया करती थी। एक दिन, इन कविताओं को आप सभी तक पहुंचाने का विचार मेरे मन में कौंधा था और आज मेरी सारी कविताएं इस किताब के अंदर, जिसका नाम "मानमई" है, यहां उपलब्ध है। किसी भी कविता को लिखने के पीछे कोई विशेष कारण नहीं है परंतु मैं इस बात का दावा कर सकती हूँ कि अपनी-अपनी जिंदगी के अनुभवों के अनुसार, आप सभी किसी ना किसी कविता से जुड़ जरूर जाएंगे।

इस किताब का नाम "मानमई" रखने के पीछे एक विशेष कारण है। 'मानमई' श्रीमती राधा रानी का एक नाम है, जिसका कुछ और अर्थ ना होकर सीधा अर्थ "राधा" ही है और इससे खूबसूरत शब्द जो मेरी पहली किताब का शीर्षक बने, मुझे नहीं मिल सकता था।

अतः आप सभी पाठकों से मेरा निवेदन है कि इस पुस्तक को पढ़ने के बाद अपने विचार जरूर साँझा करें।

धन्यवाद।

1. मैं कौन हूँ?

श्री नरेंद्र दामोदरदास मोदी

मैं मौन था, मैं मौन हूँ,
मेरा मौन ही हुंकार है।
निह स्तम्भ वो एक चेतना,
मौन जिसका प्रहार है।
मेरा कार्य है एक योजना,
मेरी भूमि का अलंकार हूँ।

मानमयी

हर सूक्ष्म मनः स्थिति रख परे,
मैं विशालता, विस्तार हूँ।
एक अपरिमेय क्षितिज हूँ मैं,
पूरा आसमान विशाल हूँ।
मैं शक्ति हूँ, सामर्थ्य हूँ,
दूरदर्शी एक विचार हूँ।
एक किंवदंती अफवाह उड़ी,
मैं कोसा गया हर बार हूँ।
मेरी सहिष्णुता को न मापो तुम,
मैं क्षमाशील अपार हूँ।

2. न पहचानने की आजमाइश!

क्यों ना फिर उस मकांम चले हम,
न तुम पहचानो, ना तुम्हें जाने हम।
न यादों का सिलसिला हो,
न मिलने की ही ख्वाहिश,
भूल जाए एक दूजे को,
आओ करें ऐसी आज़माइश।

मानमयी

न दोस्तों से हो जिक्र मेरा,
न मैं तुम्हारी बातें करूं,
न तुम सांस लो मेरे लिए,
न तेरी आई आप मरूँ।
मैं भूल जाऊँ हर गुज़रा लम्हा,
तुम्हें भी कुछ ना याद रहे,
पहले जैसे दिन हो अब,
पहले जैसी हर रात रहे।
अब ऐसा हो कि हर शब जब,
धूप खिले और नींद खुले,
बस एक दफा मिल जाए वो,
ऐसा कोई ना ख्याल मिले।

3. नया बाजार

एक बाजार खुला है बस्ती में,
कुछ नए खिलौने आए हैं।
शोहरत, मोहब्बत, यारी, दोस्ती,
सभी बाज़ी में लुटाए हैं।
आखिर झूठों का जमाना है,
साजिश, धोखे का व्यापार है।
फिर दोस्त हो या इश्क हो,
लोग बदलते बार-बार है।

मानमयी

गुरुर होता था खुद पर कभी,
कि जो मुझे मिला, बहुत खूब मिला।
पर आखिर था बस्ती का खिलौना,
खुद टूट गया, मुझे तोड़ गया।

4. बेपरवाह हम

तेरे दरबार-ए-मोहब्बत से, कूँच कर जाने को दिल चाहता है।
हुई मुद्दत कि अब, न खुदा ही दिखे, ना तू आता है।
मेरी आँखों ने छोड़ दी है ख्वाहिश, अब तेरे ख्वाब देखने की,
तेरे हसीन खयालात में, न जाने कौन अब आता है?

रंजिशे, मसले, मुआमले सब पुराने हैं, दरकिनार करें,
अब सुकून से कटे जितनी भी है, ख्याल ये दमबदम आता है।
तेरी अदा, तेरा मिजाज, तेरे अंदाज, पाक़ीज़ा इन नजारों पर,
दिल्लगी तो बहुत दूर रही, तरस भी बेहद कम आता है।
तुझे मिल गई नई शख्सियत, कोई महजबी, बेहद हसीं,
खड़े हैं अब उस मकाम जहाँ, न खुशी ही रही न गम आता है।

5. तेरे बाद का वृंदावन

तुम जो मधुबन के कान्हा थे,
कैसे हो गए द्वारिकाधीश?
छोड़ गए वृंदावन को,
कर गए सब का हीर अधीर।
प्रातः की मधु बेला में,
जब ग्वाल चराए गैया को,
सखियाँ तेरी ब्रज की सारी,
जब भरने जाए पनिया को।
तू नहीं आता रस्ते अब,
फोड़ने गगरी गोपिन की।
नहीं भीगती जमुना जल से,

मानमयी

भिगोती वर्षा नैनन की।
माखन सबका बचा है घर में,
कोई नहीं रखता छींके पे।
मिश्री नहीं छुपाता कोई,
मिष्ठान पड़े सब फीके से।
बृज की गलियां मौन पड़ी हैं,
तुम नहीं तो सब वीराना है।
ना शोर हो रहा गोकुल में,
चुपचाप पड़ा बरसाना है।
लोरी गाकर मैया यशोदा,
बोल किसे अब सुनाएगी?
"तू सोया?" बस यही सोच कर,
खुद भी ना सो पाएगी।
बैठी यमुना अपने तट पर,
सोचे तू कब आएगा?
रात चांदनी होगी जब,
क्या फिर से रास रचाएगा?
माटी वह वृंदावन की,
कब चरण-रज तेरे पाएगी?
वृक्ष, पुष्प सारे सोचते,
विरह-व्यथा कब जाएगी?
और उसके बारे क्या लिखूं,
जो प्राणहीन सी रहती है,
नयनों में अश्रु लिए,
बस कान्हा-कान्हा कहती है।
तुम तो बन गए राजा हो,
लौट आओ हम प्रार्थी हैं।

पाखी गरजौला

राधा ने प्रेम अनंत किया,
पूरा ब्रह्मांड साक्षी है ।

6. अनजान लिखावट

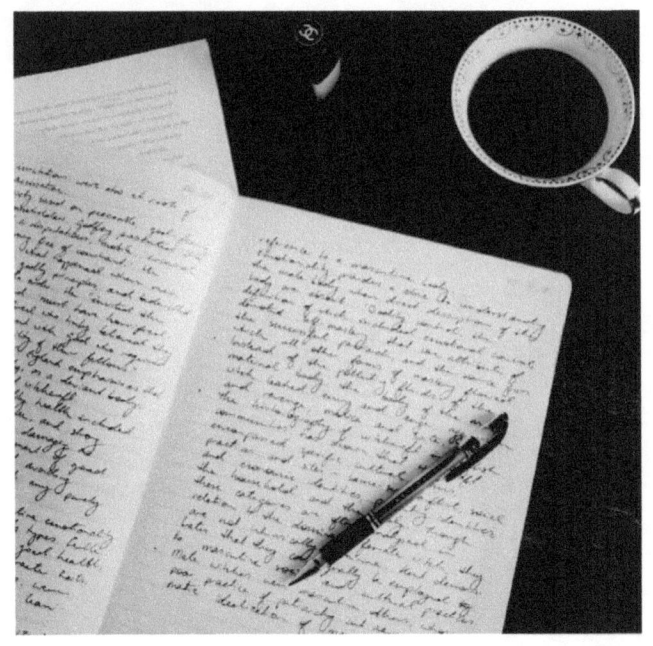

अपनी हर बात लिख देती हूँ
कागज़ पर
जो कह नहीं पाती
लोग पढ़ते हैं, हँसते हैं
तरस भी खाते हैं
पर मैं बस लिखती हूँ

पाखी गरजौला

क्यों लिखती हूँ,
मैं नहीं जानती
मैं यह भी नहीं जानती
कि जिसके लिए मैं लिखती हूं
वह इसे पढ़ता भी है
या नहीं
अगर पड़ता है, तो क्या सोचता है
वह भी हँसता है?
क्योंकि अब उसे मुझसे
पहली सी मोहब्बत नहीं
या खुश होता है ,
कि जिसे वह चाहता है
वह भी उसे चाहती हैं।

7. वह साहिब है हमारे

काबिल को हम कह दें वह हकदार नहीं है,
ऐसा भी यहाँ कोई बीमार नहीं है।
क्यों लगता है उनको देश में इतना ही था,
देशभक्ति की उनके दिल में आसार नहीं हैं।
छूटी है नौकरी उनकी साहब के राज में,
नालायक का घर में रहना बेकार नहीं है।
जिंदगी है तो गुमान भी होना चाहिए,
अखबारों की झूठी खबर से एतराज नहीं है।
उम्मीदें छोड़ वबा से क्यों हार मानते हो,
डरते हो इसीलिए सर पर ताज नहीं है।

पाखी गरजौला

भूल तो तुम असलियत में जान ना पाए,
जो है गद्दार उस पर कोई वार नहीं है।
आरजू मंजिल की क्या छूटती है कभी,
अपने साहब की बेज्जती हमें स्वीकार नहीं है।

8. राधा रानी

राधा ने सौ पीर सही,
सही पीर निज श्याम के लिए।
श्याम बसाए द्वारिका नगरी,

निज रानी रुक्मिणी के लिए।
राधा पुष्प नैंनों से बहाती,
कान्हा के विरह में अकुलाती।
रोज सुबह रुक्मिणी उठकर,
अपने कृष्ण की आरती गाती।
प्रेम जो है वो राधा है,
राधा से है प्रेम पावन।
रुक्मिणी श्रद्धा की मूरत,
दोनों का ही रूप मनभावन।
राधा के प्रेमी हैं कान्हा,
रुक्मिणी के पति कहाए।
प्राप्त हुए पत्नि को अपनी,
राधा के हिस्से न आए।
होश नहीं रंग-रूप का उसे,
श्याम विरह में राधा तड़पती।
लुभाने की चाह में कृष्ण को,
महलों में रुक्मिणी रही सजती।
राधा कान्हा-कान्हा कहती,
रुक्मिणी श्री कृष्ण पुकारे।
नाम श्रवण माधव आ जाते,
छोड़ राधा को किसके सहारे?
पर श्री राधे मौन रही,
उन्होंने केवल प्रेम जिया है।
जलन, मोह, भय से परे,
सिखला गई प्रेम क्या है।

9. यूँ तो ना किया करो

कर देंगे बदनाम जहां के लोग तुम्हे,
ज़माना देख रहा है, इशारा मत करो।
गई आवाज़ गर आगे हमारे दर से,
कई आ जाएँगे, पुकारा मत करो।
बाहर गई आज फिर बिन नकाब के,
नज़र लग जाएगी, नजारा मत करो।

पाखी गरजौला

फिर लाई हो आज तोहफा हमारे लिए,
हमें सब पता है, बहाना मत करो।
रूठ जाओ हमसे तो मना लेंगे तुम्हे,
मर जाएँगे हम, किनारा मत करो।

10. चांद को मेहताब

आ तुझे तेरे किए का हिसाब देते हैं,
जो जन्नत में न मिलता होगा वो खिताब देते हैं।
कहीं पहचान न लें यार मेरे, तुझ कातिल को,
तू छुपा ले चेहरा अपना, तुझे हिजाब देते हैं।
दूरी बनाए रखते हैं, लोग जिस आशियाने से,
अपने घर का वो पता, तुझे जनाब देते हैं।

वीरान है जो बस्ती, शब-ओ-सहर जहाँ एक है,
खुशियाँ उस जहान की, तुझे बेहिसाब देते हैं।
मिसाल-ए-उलफ़त इस कदर तुझे आज देते हैं,
तुझ चाँद को इनाम में, खुद हम मेहताब देते हैं।

11. वो लौट आया पर....

मुझे नज़रंदाज़ कर,
वो उसके इशारे से लौट आया।
वजह जाने की पक्की थी,
और झूठे बहाने से लौट आया।
रोका था मैंने उसे कई बार,
पर उसके बुलाने से लौट आया।
हाथ मैंने पकड़ा उसे रोकने के लिए,
हाथ उसके दिखाने से लौट आया।
रास आ गई उसे खाली बस्ती,
और भरे मैखाने से लौट आया।
सफर शुरू करने उसके जहान में,

पाखी गरजौला

वो मेरे जमाने से लौट आया।

12. उद्धव ब्रज यात्रा

उद्धव ज्ञान घमंड लिए,
पहुंचा वृंदावन धाम।
अहम भरे मन से आया,
करने पूर्ण एक काम।
ज्यों ही वह रथ से उतरा,
ज्यों ही पग नीचे रखा।
ब्रज सुगंध ऐसी समाई,

पाखी गरजौला

वृंदावन की करत बढ़ाई।
आभूषण से लदा हुआ वह,
सर पर मुकुट धारण किया।
ब्रजवासी सोचे भला,
किसने यह आगमन किया?
देकर अपना परिचय बोला,
कृष्ण आदेश पर आया हूं।
ब्रिज गोपन को जाकर बता दो,
कृष्ण की चिट्ठी लाया हूं।
गोपिन के कानन में जब,
पड़ी मधुर यह बात।
दौड़ दौड़ कर आई सब,
अपनी सखी के साथ।
कृष्ण तन, कृष्ण मन,
कृष्ण के ही साथ थी।
कृष्ण वर्ण, कृष्ण नैन,
कृष्ण की ही बात थी।
उद्धव देख समझ ना सका,
हर गोपी में कृष्ण थे।
आंखों को सब भ्रम लगा,
मस्तक में कई प्रश्न थे।
पत्र हमारे नाथ का,
पढ़ कर दियो सुनाएं।
हम तो अनपढ़ ग्वालिनें,
बोली वो मुस्काए।
उद्धव ने जब पढ़ा पत्र,
तो गई सब घबराए।

कहते हैं श्रीकृष्ण की,
हमको दो बिसराए।
विरह-पीड़ा सहनी होगी,
लो मुक्ति तुम पाओ।
भूल प्रेम को जीवन में,
केवल आनंद मनाओ।
सुनकर इतने कटु वचन,
नीर नैन से बह गए।
पुष्प प्रेम के जैसे मानो,
एक ही क्षण में ढह गए।
रोती-बिलखती गोपियां,
इतना समझ नहीं पाई।
उद्धव का अहम तोड़ने,
कान्हा ने लीला रचाई।
व्यर्थ जीवन, व्यर्थ हम,
व्यर्थ यह संसार है।
कृष्ण ने ठुकरा दिया,
जीवन धन बेकार है।
पीड़ा ह्रदय में लिए सब,
लिए एक ही आस।
सारा घटनाक्रम सुना दिया,
जाकर राधा के पास।
उद्धव उनके पीछे दौड़ा,
करने राधा का दर्शन।
कान्हा के मुख से सुना था,
स्वयं राधा का वर्णन।

देख राधा का अद्भुत रूप,
उद्धव हुआ अचंभित।
हर अंग में कृष्ण है,
फिर भी कृष्ण से वंचित।
हाथ जोड़कर सहज भाव से,
उद्धव उनकी ओर झुका।
चरण स्पर्श करते ही उनके,
माया का सब असर रुका।
राधे रानी समझ गई,
कान्हा कि सब बात।
उद्धव को आशीष दिया,
समस्त गोपियों साथ।
सब ग्वालन अश्रु लिए,
लगी अपना भाग्य कोसने।
तब राधे आगे बढ़ी,
और लगी उन्हें रोकने।
राधा ने अंतर्मन में,
इसको कान्हा का खेल बताया।
जान सत्य को, परे झूठ से,
नैनों से अश्रु रुक पाया।
बोला उद्धव अंत पीड़ा का,
है पीड़ा सहने से बेहतर।
देख रहा हूं आप सभी को,
विराह-मुक्त होने को तत्पर।
मोह, प्रेम से दूर जाओ तो,
ज्ञान स्वयं आ जाएगा।
एक बार जो ज्ञान मिल गया,

ईश्वर भी सर झुकाएगा।
मंद-मंद राधा मुस्काई,
छूकर आत्मा की गहराई।
अंतर्मन में श्याम-ध्यान कर,
बिन कहे बात उसे समझाई।
धरकर हाथ सर पर उसके,
उसको जीवन का सार दिया।
जीवन-लक्ष्य प्रेम बताकर,
उसे प्रेम का मार्ग दिया।
क्रोध टूटा, अहम छूटा,
मन से लोभ और मोह गया।
परम ज्ञान उद्धव का हुआ,
उद्धव ने बस प्रेम जिया।
अब उद्धव कहीं और था,
अब उद्धव कोई और था।
जिसकी प्रभात में प्रेम समाया,
अब उद्धव वह भोर था।
आया था सज-धज कर जो,
ब्रज-मिट्टी लिए जाता है।
प्रेम-अश्रु नैनों में लिए,
बस राधे-राधे गाता है।

13. मेरा जज़्बा

यूँ है मेरा जज़्बा कि मिट्टी को धूल कर दूँ,
मैं जिसे हाथ लगाऊँ उसी को फूल कर दूँ।
दिल इस तरह टूटा है, कि दिल को आज शूल कर दूँ,
वो बुलाएं गर मलफिल में, तो न जाने की भूल कर दूँ।
झलक मुड़े जो वो हमारी तरफ, उसे नज़रंदाज़ कर बेफिजूल कर दूँ।
यूँ है मेरा जज़्बा कि मिट्टी को धूल कर दूँ।

14. तेरा ख्याल

तुम बैठे हो,
पता है मुझे!
कुछ महसूस कर रहे हो।
कुछ सोच रहे हो।
कहीं भूल गए हो,
रखकर चश्मा अपना।
चुप हो।

पर उदास नहीं।
और यहाँ मैं
बोलते-बोलते,
चुप हो जाती हूँ।
सोचती हूँ कि
मुझे सोच रहे हो तुम।

15. मैं मालामाल

यूँ ही तनहा बैठ गया जो कमरे में,
आज फिर हमसे एक सवाल हुआ।
जवाब देना हमको आता नहीं,
तो क्या हुआ बस बवाल हुआ।
करदी हमने महफ़िल रुसवा महफ़िल में,
कोई कुछ नहीं बोला, ये बड़ा कमाल हुआ।
फिर एक शख़्स लगा मुझे कुछ समझाने,
पहली बार किसी चहरे पर मैं निहाल हुआ।

पाखी गरजौला

बैठ गया मैं महफ़िल में हंसने-गाने,
लोगों को हैरत हुई, पर मैं मालामाल हुआ।

16. औकात नहीं इंसानों की

तो क्यों न शम्मा जाए वहाँ,
जब महफ़िल हो परवानों की।
चाँद-रात की शब न हो,
हसरत है ये दीवानों की।

तनहाई में दख़ल दिया जो,
फिर ख़ैर नहीं बेगानों की।
जी लें जी-भरकर ज़िद से,
औकात नहीं इंसानों की।

17. तो यकीन दो

तुम्हें इश्क है, तो यकीन दो।
ये कशमकश ये उलझनें,
मुझे हक की मेरी ज़मीन दो।
तुम उस जहाँ मैं इस जहाँ,
इन फसलों को सही करो,
अब करो ख़त्म कहानी को,

पाखी गरजौला

या इसको मोड़ हसीन दो।
तुम्हें इश्क है, तो यकीन दो।

18. ब्रजेश्वरी राधे

स्वर्ण-वर्ण मनमोहक रूप,
कमलनयन और गुण असंख्य।
मधुर मुस्कनि अधरन धरे,
नैनो से छलके प्रेम अनंत।
चहुँ ओर बिरज की गलियों में,
ग्वालिन संग विचरण करें।
सुनकर मनमोहन की बंसी,
भागी फिरे नहीं धीर धरे।

पाखी गरजौला

रूप उसका ऐसा आलौकिक,
कोई नहीं है जिसका सानी।
किसी पे यह देवत्व नहीं है,
क्या लक्ष्मी और क्या ब्रह्माणी।
असीम दया की सागर है वह,
साधन भी है साध्य भी है।
तीनों लोक के तारणहार की,
प्रेमी भी, आराध्य भी है।
उस ममतामई मां के मन को,
फिर क्यों ठेस पहुंचाई है।
प्रेम-पुष्प की अग्नि देकर,
विरह की आग लगाई है।
वह चाहती तो काली बन,
सर्वनाश कर सकती थी।
पर अपनी ही संतानों के वह,
प्राण नहीं हर सकती थी।
इसीलिए शास्त्रों ने उनको,
सर्वश्रेष्ठ बताया है।
उमा, रमा, ब्रह्माणी से भी,
ऊंचा स्थान दिलाया है।
स्वयं कृष्ण नहीं उनके सानी,
कोई कैसे पार पाया है?
मेरी राधे के चरणों में,
सभी ने शीश झुकाया है।

19. इश्क ज़बानी

अक्सर ढ़ाला गया कविता में मुझे,
संगीत में भी संजोया गया।
मुझे खुदा कहा, मुझे दुआ कहा,
कई दफ़ा बारिश में भिगोया गया।
मुझे कासिद बनाया बहारों का,
मुझे सानी बताया नजारों का।
मुझे फूँक दिया शम्मा में कभी,
फिर परवाना बनाया चरागों का।
जन्नत का मुझको ताज कहा
बेहद हसीन एक राज कहा।
मेरे अर्थ को ऐसे दफ्न किया,

मेरे वजूद को खत्म किया।
ना दवा ही हूँ, ना मिसाल हूँ मैं,
ना दुआ ही हूँ, ना हिसाब हूँ मैं।
कविता, संगीत से परे कहीं,
ना हुस्न ही हूँ, ना हिजाब हूँ मैं।
महबूब कि मैं मुस्कान नहीं,
उसकी आँखों का राज नहीं।
ना बहारों का, ना नजारों का,
मैं खुदा नहीं, मैं ख्वाब नहीं।
बारिश की सर-सर बूँद नहीं,
मैं शमा नहीं, मैं आग नहीं।
तहजीब नहीं, कोई तौर नहीं,
बस इश्क हूँ मैं, कुछ और नहीं।
एक जर्रा हूँ जो बहकर कभी,
हथेली को उसकी थाम ले।
बस एक हवा का झोंका गुजरे,
और फिर वह "इश्क" का नाम ले।

20. कब होगा इज़हार-ए-इश्क़?

कई दिन हुए, मन में बात है,
एक अनजाना सा राज है।
हाँ था कभी, पता है मुझे,
तुम्हें इश्क क्या मुझसे आज है?
क्या आज भी मुझको सोचकर,
किताबों को अपनी खोलकर,
कभी गुम होते हो बैठे-बैठे?

खयालों में मुझको खोजकर।
कभी दोस्त तुम्हारे बुलाते होंगे,
नाम से मेरे सताते होंगे,
और फिर करके मेरा तस्सवुर,
तुम भी तो मुस्कुराते होगे।
या छूट गई वह दिल्लगी अब,
खुश हैं अपने नए जहाँ सब,
तुम बाकी जैसे तो नहीं हो ना,
बोलो, इज़हार इश्क का करोगे कब?

21. कौन बेवफा?

हम इस खुश फहमी में रहे,
उनकी इस गलतफहमी में रहे,
मेरे पीछे कह देते होंगे वह अल्फाज,
जो उन्होंने सामने ना कहें।
अपने होठों को सी लेते होंगे मेरे आगे,
छुप जाते होंगे वह नजरें बचाके,
मेरे पीछे बहा लेते होंगे,
वह आँसू सब से छुपाके।

या तो वह जानते ही नहीं,
या मानना नहीं चाहते।
कभी जो भीड़ में ढूंढा करते थे,
आज वह नजरें नहीं मिलाते।
हाँ देखते हैं वह आज भी कई दफा,
सोचती हूँ मैं ही गलत हूँ, गलत सोच लिया,
कैसे यकीन मेरा भी नहीं रहा अपनी जगह,
वह हैं, या मैं हूँ बेवफा?

22. एक अनकही कहानी

मैं देखती थी तुम्हें,
कुछ इस तरह से।
देखता है चकोर चाँद को,
जिस तरह से।
खिल पढ़ती थी हँसी,
झुक जाती थी आँखें।

पाखी गरजौला

लिखी रहती थी उनमें,
कुछ अनकही बातें।
कहानी तो अभी शुरु हुई थी,
तो क्यों बनने चले गए अफसाना।
वो एक आरजू पूरी करने में,
तुम देर मत लगाना।
कुछ तुम बदले,
कुछ बदला मौसम।
कुछ मुझे भी हुआ एहसास,
अब नहीं रहे हम खास।
रुख हमने तुमसे बदला,
ऐसा तुम समझते हो।
देख कर अनदेखा करते हो,
और हमारी भी निगाहों से बचते हो।
हम नहीं समझे क्यों यह तूफान,
इतनी जल्दी आना था।
वह एहसास दर्द का,
कुछ जाना पहचाना था।
ना तुम्हारी ही खता थी,
ना हमारी ही गलती।
मगर किस्मत ने बता दिया,
मुकम्मल दुनिया सबको नहीं मिलती।
होना पड़ रहा है जुदा,
ना चाहते हुए भी।
भर आती हैं आंखें,
यह कहानी बताते हुए भी।

सुना है पहला प्यार,
प्यार नहीं होता।
जो कहते हैं ऐसा,
उन पर ऐतबार नहीं होता।

Thank You

Thanks to all my audience. I am overwhelmed that you chose to read this book and I hope I didn't upset you. I really believe that you enjoyed this book and I also expect that you will give an honest review about it. Please tell, were you able to relate with the poems and I promise you that I'll be back with yet another book.Right now my next book in line is again a collection of poetries but this time it is in English language. I want you people to give the same love to that book also that you have given this. A Big Thanks again to all the readers and all the admirers.

We'll meet soon.

www.ingramcontent.com/pod-product-compliance
Lightning Source LLC
LaVergne TN
LVHW041546060526
838200LV00037B/1159
9781684660070